JN408972

비 갠 오후

정외철 시집

도서출판 천우

● 自序

새들은 휴일이 없나 봅니다.

아침마다 날아와 노래하는 모습에 젖어

그들만 바라보게 되었습니다.

오늘도 창가에 앉아

맑고 진실한 그들의 언어로

나의 창을 닦아봅니다.

2022년 1월

정 외 철

차 례

차 례

차 례

차 례

비 갠 오후

꽃나무

내가 눈 뜨는 날
가장 먼저 보고 싶은 당신

혹시나 추울까나
혹시나 고플까나

따뜻한 그 손길
당신은 어떤 사람입니까?

응원

고요한 숲길에
아기 새들이
첫돌을 맞이하여
조심조심 발을
내디디고 있다
풀벌레들 손뼉 치고
풀꽃들 춤추고
숲속 가족들
잔치 분위기다

지우개

얼마나 아팠을까요
함께 살아오면서

지울 것 많아도
말하기가 미안하지요

너무 작아졌네요
나로 인해서

추억 만들기

추억을 만든다는 것은
철 따라 엮어 가는
나이테 무늬처럼
속으로 깊어지는 것입니다

삶은 여울지는 물결 같지만
가만히 들여다보면
결결이 햇살을 담고 있기에
잔잔히 맑아지는 것입니다

계절을 매어단 나뭇가지
마디마디 아물어 새롭듯
추억은 살아가는 모습 속에서
만들어지는 것입니다

해바라기, 밤에는 무얼 할까?

이른 아침부터
전하고 싶은 사랑
이슬만 만작만작
그 마음을 그 손으로
그리고 있을까

석양에 물든 언덕길
이별의 그림자에
못내 숙이던 고개
그 마음을 그 손으로
보듬고 있을까

서산까지 따라갔지만
고백 못한 사랑
알알이 머금은 채
그 마음을 그 손으로
기도하고 있을까

비 갠 오후

비 갠 오후
공원으로 간다
고목 밑에 자리 잡아
숲으로 울타리 엮고 하늘을 본다
새털구름에 내 마음 파도쳐
나뭇가지 끝에 머물다가
아이들의 속살을 보듬는 햇살이 되고
아내의 이마를 스치는 바람이 된다
두 팔로 숲을 껴안고
사랑한대도 울어대는 여름을
옷깃에 걸어 두고
사륵사륵 날으는 잠자리처럼
노을에 물든다

가을비

가을비는
추억의 강가에 머물던
구름의 편지인가
비 따라 한 줄 한 줄 읽어가면
강변의 단풍들도
사르르 그리움에 젖는다

가을비는
뒤척이는 그리움을 다독이는
대지의 손길인가
비 따라 한 발 한 발 걸어가면
강변의 낙엽들도
스르르 잠이 든다

사모곡(思母曲)

고요한 한밤중
이제, 안길 수 없는
당신의 그리운 품에
새 한 마리 그립니다

벙어리 새라 천둥으로
목석같은 새라 소나기로
유월의 하늘을 준비하신 당신은
홀로, 조용히 가십니다

해가 거듭될수록
몸은 웅그러져 흙이 되어도
그리움으로 살아나는 당신은
새의 안식처가 됩니다

그리움

파도치는 바다에
눈이 내립니다

쏟아지는 눈송이
내 마음의 빈자리에도
소복소복 쌓여
포구의 목선처럼 홀로
흔들리고 있습니다

파도치는 바다에
눈이 내립니다

망향(望鄕)

서울역 앞 은행나무
매연 속에서도
그리움 하나로
가지마다 열매를 품은 채
가을비에 젖고 있네

길을 건너면 기차를 타는데
기차를 타면 고향에 가는데

서울역 앞 은행나무
마음 바삐 단풍 들지만
가지가 선(線)에 걸려
노오란 이파리마다
눈물만 떨구고 있네

옹달샘

산에 사는 옹달샘은
지붕 없는 집에서 살지요
해와 달과 별
바라보며 살아가지요

산에 사는 옹달샘은
대문 없는 집에서 살지요
산새, 토끼, 다람쥐
기다리며 살아가지요

산에 사는 옹달샘은
곳간 없는 집에서 살지요
솟아나는 맑은 마음
베풀며 살아가지요

감꽃과 누이

고향집 감꽃은
수줍음 타서
밤에 내리고

고향집 누이는
밤새 감꽃목걸이
꿈을 꾸고

아침이 되면
그들의 마음
복실이도 알지

단풍 드는 집

찬바람 불어
거미줄 오그라진 헛간에
연탄 한 이백 장 들여놓고

찬바람 불어
감 이파리 떨어진 마당에
김장 두어 독 묻어두고

허리 쭉 펴고
서로 바라보는 마음들이
환하게 단풍 드는 집

상념

잠 못 든
밤하늘의 별들
산길 따라 들길 따라
가만가만 내려와
마당 우물물 퍼 올리며
빈 독을 채우다가
날이 샐 무렵에야
두레박에 기대어
잠이 들고

동해의 아침

동해는 닭인가
넘실거리는 볏을 달고
잇달아 홰를 치며
생명을 낳는다

동해는 희망인가
온몸 붉은 기운으로
태양을 밀어올리며
세상을 밝힌다

이발사부부

장터 느티나무 집
곱사등 이발사부부는
새장의 잉꼬 같다

흰 저고리 맑은 눈으로
언제나 한결같이
마주 보며 일한다

이제는 허리 쭉 펴고
창밖 푸른 하늘로
훨훨 날았으면 좋겠다

편지

좋아한단 말 대신
싸륵 싸륵 싸륵
곱게 접은 편지는
장독을 맴도는
고추잠자리 되고

행여 소식 올까나
폴짝 폴짝 폴짝
기다리는 편지는
사립문 기웃거리는
종종까치가 되고

실국화

겨울 채비하던 엄마
대바늘로 스웨터를 짜듯
뜨락의 실국화가
올올이 감아둔 실타래를 풀어
계절을 맞이하고 있다

시련은 가벼운 듯
마디마디 말라붙은 상흔을
큼직한 이파리로 가린 채
순백한 꿈을 이고
계절을 넘어가고 있다

가습기

살아가면서
채워야 할 것은
淨한 마음

살아가면서
베풀어야 할 일은
淨한 그 마음을
뿜어내는 것

물수제빗돌

담방–담방–포옥
몇 발도 가지 못해 가라앉는
물수제빗돌

좀 더 둥글어지고
좀 더 얄팍해져야
물결을 차오를 텐데

담방–담방–포옥
가라앉으면서 깨달아 가는
물수제빗돌

낙타

메마른 밭에서
땀을 흘리다가
한 점 한 점 아스라이
낙타가 돌아온다

녹아내린 등에
호미 걸고 괭이 걸고
한 발 한 발 마을로
낙타가 돌아온다

일몰의 아쉬움을
빈 주전자에 담아들고
새끼들 기다리는 집으로
낙타가 돌아온다

가을 산행

가을하늘 맑다고
곧장 전화하는 사람
구름 한 점 없는 그 마음에
흔쾌히 물든다

나란히 걸어가는 길
이마에 머물던 구름일랑
산바람에 내려놓고
맘껏 숨쉬어 보자

가는 길이 힘들어도
폭포까지는 가보아야지
손짓하는 단풍길 보아라
맑은 눈망울아

봄바람

봄바람은 한들한들
자전거 타고 내려오는 우체부

산자락 살랑살랑 돌아
개울가 버들가지 흔들어놓고

가만가만 창가에 다가와
꽃씨 한 줌 안겨준다

목련

목련을 보면 알 수 있지
그리움에 차면 얼마나 귀가 밝아지는지
가지 끝 물오르는 소리에
봉곳봉곳 꽃망울 내밀잖니

목련을 보면 알 수 있지
그리움에 차면 얼마나 눈이 맑아지는지
저만치 서성이는 봄빛에
속마음 활짝 터트리잖니

목련을 보면 알 수 있지
그리움에 차면 얼마나 맘이 순수해지는지
맨발로 달려 나와
반갑게 맞이해주잖니

민들레

거칠고 메마른 땅바닥에서
눈물이 없었다면 어떻게
뿌리를 내릴 수 있었으랴

불어오는 모진 바람 속에서
납작 엎드리지 않았다면 어떻게
꽃대를 올릴 수 있었으랴

아, 너를 만나지 못했다면
주저앉아 시들어가는 내가 어떻게
내일을 꿈꿀 수 있었으랴

봉숭아

내 청춘 붉게 짓이겨도 좋으리
그대 사모한 것이 죄가 된다면

내 청춘 붉게 짓이겨도 좋으리
그대 손끝에 피는 꽃이 된다면

파도가 머무는 길

파도가 머무는 길에는
섬으로 가는 정거장이 있어
솟구치는 그리움들이
물거품처럼 붐빈다

그곳에 다가서면
무거운 발자국이 지워지고
접힌 날개가 펼쳐져서
섬으로 날아가게 된다

하향도(夏鄕圖)

놀-자, 동무들이 부르면
사립문에 나팔꽃 피어오르는 우리집

감나무에 매미소리 달아오르면
샘물에 보리밥 말아먹는 우리집

마당에 모깃불 피어오르면
별들에게 자리 내어주는 우리집

피장파장

거꾸로 매달려 있는
박쥐를 보았다

둥근 동굴에서
서로 쳐다보고 있었다

거꾸로 매달려 있는
나를 보았다

하얀 꽃잎

지난 유월 하순
가슴 속에 고이 담아둔
하얀 꽃잎 하나

바람 불어도 흔들리지 않고
이슬 내려도 젖지 않는
하얀 꽃잎 하나

되돌릴 수 없는 시간 속에서
문득문득 피어나는
하얀 꽃잎 하나

분수(噴水)

다다를 수 없다고
멈추지 않으리라

떨어지는 두려움에
움츠리지 않으리라

오르다가 부서지면
무지개로 피어나리라

채송화

고향집 채송화는
마당가 시멘트블록에
세 들어 살지만
비좁다고 탓하지 않고
동글동글 기대어
웃으며 살지요

고향집 채송화는
텃밭 하나 없지만
아침부터 허리춤 동여매고
차곡차곡 햇살 모아
방아 찧으며
더불어 살지요

삶의 줄

거미 한 마리가
벽으로 기어오르고 있다
잽싸게 따라가며
꽁무니의 줄을 당겨본다

거미 한 마리가
후다닥 천장으로 도망친다
줄을 놓지 않고
줄로 길을 낸다

거미 한 마리가
부서진 집으로 들어간다
삶의 무게에 눌린 가슴
소리 없이 흔들린다

거미 한 마리가
허공에 줄을 치고 있다
텅 빈 바람뿐일지라도
줄을 놓지 않는다

여름밤의 일기

여름밤 일기장에는
풀벌레 소리 가득

그 소리 알아듣는 이
달일까 별일까

여름밤 일기장에는
어둠을 지우는 소리 가득

풀잎들도 그 소리로
아침을 맞는다

가을 벤치에서

가을 벤치에서는
새털구름 높이 띄워
호숫가로 흐르게 하다가
햇살에 마음 빼앗긴
갈대를 흔들어주고 싶다
바람처럼

가을 벤치에서는
단풍잎 하나 주워
시집에 곱게 끼워두었다가
겨울의 길목에 서 있는
우체통에 넣어주고 싶다
소녀처럼

각성

비에 젖은 수양버들
온몸 축 처져있는데

비 그치자마자 또다시 울어대는
매미의 열정에 놀라

비에 젖은 수양버들
온몸에 붙어있는 나태를
털어낸다

안개

아침부터 은밀하게
부서진 일상의 조각들이 모여
느닷없이 시위를 한다

지금까지 걸어온 길인데
하늘은 보이지 않고
가로수도 멈칫 놀란다

소리쳐도 물러서지 않고
허리를 찔러도 넘어지지 않는
젖은 상처들이여

잊고 살아서 미안해
이제부터는 너를 껴안고
함께 걸어가리라

봄맞이

언제쯤 오실까
무슨 소리라도 들릴까
바짝 귀 대어 보아도
산모롱이에 아지랑이만 아른거리는데
봄은 벌써
급행열차 타고 오셨나보다
철길 따라 마중 나온 개나리
노랑고깔 쓰고
팡파르 울리고 있네

겨울나무

겨울나무는
벌을 받고 있나 보다
잃어버린 것이 많아
아니,
봄이 찾아오잖아
잃어버린 것이 아니라고
말해주기 위해

포도가 익어가고 있었다

탱자나무 울타리 너머에는
포도가 익어가고 있었다

앉은뱅이 햇살 사이로
작은 새들이 몇 번이고 날아와
그 향기를 겨냥하지만
졸음에 겨운 탱자나무는
가시까지 노랗게 물들이며
포도밭을 지키고 있었다

탱자나무 울타리 너머에는
포도가 익어가고 있었다

석류

담 너머로 가지 내민
순이네 석류나무
장독에 고추잠자리 날 때면
볼그레한 복주머니 달고
한껏 맵시를 낸다

저 복주머니 열어보면
고이 담아둔 마음
알알이 쏟아질까 봐
가만가만 담 너머로
순이만 바라본다

창밖의 새

새들은 휴일이 없나보네
벌써 또 날아왔구나
아침마다 들려주는 노래
알아들을 수는 없어도
너의 모습 진실하여
너만 바라보게 되는구나

우산에게

미안하다
이렇게 비 오는 날에야
너를 생각하게 되어
그날도
비바람에 생긴 상처들
살펴보지 못하였는데

미안하다
이렇게 비 오는 날에야
너를 찾게 되어
그날도
문 앞에 세워두고
눈물 흘리게 하였는데

동무 사이

해질녘 방천길
썰매 타고 돌아가는
꼬맹이들 소리에
길섶 참새들도
번갈아 날아오르며
자꾸 재잘거린다
내일도 놀자고

봄빛 마중

눈치챌까봐
봄물 흐르는 소리 사이로
봄빛 마중 가는데
저기, 파릇파릇
새싹이 먼저 왔네

징검돌

삶의 강을 건너란다

젖으면 걷어 올리고
무거우면 내려놓고
흔들리면 팔 벌리고

삶의 강을 건너란다

사향(思鄕)

길 따라 개나리
아무렇게나 피어있어도
살랑살랑 흔들리는 버들강아지 있어
함께 놀아 주는 곳

봇물 맑게 흘러가고
참꽃 피는 산기슭으로
층층이 이어지는 보리밭 있어
종다리 높이 나는 곳

아, 지금도
버들피리 꺾어 불면
골목골목 조무래기 동무들
뛰어나올 것만 같은 곳

아카시아

척박한 언덕에 태어나
굴러 떨어지지 않으려고
온몸으로 버티며 살았나보네

한 뼘 햇살도 서로 나누고
이슬까지 모아 뿌리 적시며
가지 뻗어 숲을 일구었나보네

오월이면 뒤돌아보게 하는
그윽한 존재의 향기를
바람이 먼저 알았나보네

싸리나무

가지런한 옷매무새로
반가이 맞아주는 싸리나무

자줏빛 꽃잎 속에
어리는 회초리 소리

외줄기 좁은 산길에서
다시 만난 그 사랑

산길

꼭대기가 보이는 길이지만
천천히 가는 길
비탈 아래로 돌아가고
바위 옆으로 돌아가고

고요하고 좁은 길이지만
정답게 가는 길
풀꽃들에게 말 걸어보고
산새들과 함께 노래하고

오르락내리락 힘든 길이지만
깨달으며 가는 길
오르면서 놓쳐버린 것
내리면서 찾아가게 하고

봄비

빈집이었는데 누구일까
방문 열어놓고
거미줄 걷어내는
저 손길 보아라

빈집이었는데 누구일까
아궁이에 불 지피고
부뚜막을 닦는
저 손길 보아라

빈집이었는데 누구일까
호미 들고
텃밭 일구는
저 손길 보아라

늙은 호박

줄줄이 푸른 꿈
다 내어주고
안간힘으로 지켜온 집에
덩그러니 홀로 앉아
깊어가는 밤바람소리
재우고 있네

기다림

기다리고 있습니다
그대 모습 맞이할 가지에
노랫말을 준비하여

그대에게 들려줄 노랫말
발갛게 단풍 들다가
떨어지고 있습니다

떨어지고 또 떨어져도
기다리고 있겠습니다
새 노랫말을 준비하며

조약돌

동글동글한 얼굴에
마르지 않는 미소

너와 같은 모습으로
바다를 바라볼 수 있다면
밀려오는 파도
피하지 않으리라

모과

순이가 건네준
모과 두어 개

반다지 위에 하나
내 마음속에 하나

코 대어보고
눈 감아보고

생각할수록 깊어지는
그 겨울 향기

가로수

그대 가는 길에 서서
그대의 배경이 되고
그대의 사랑에 물드는
단풍이 되고 싶다

그대 가는 길에 서서
그대의 추억이 되고
그대의 약속을 기다리는
낙엽이 되고 싶다

천둥오리

산에서 바라본 호수는
천둥오리 한 놈 비추는 스크린

그 넓은 호수
맘대로 날아보지도 못하고
무명수건을 목에 걸고
가장자리만 맴돌다가
뒤뚱뒤뚱 젖은 꽁지를 끌며
집으로 돌아가는 저 놈

가로등

가는 길에 나란히
우뚝 존재하는 당신이지만
잊고 살았습니다

굽이진 길목에 홀로
뜬눈으로 기다리던 마음
미처 몰랐습니다

길게 드리운 어둠이
존재의 빛을 알게 하니
참으로 다행입니다

망개

꽃은
이름 없이 피고 져도 좋으리
빠알간 열매로
기억될 수만 있다면

덩굴손은
말라 비틀어져도 좋으리
빠알간 열매를
떠받칠 수만 있다면

엄마의 밥

찬바람 불어
감잎 다 떨어지고
남은 것은
앙상한 가지에 걸려있는
겨울저녁 연기

시린 손끝으로
눌러 담은 엄마의 밥
따끈한 아랫목에 묻어두고
새끼들 기다리던
우리 엄마

섬

하늘에 떠 있는
흰 구름 하나
그대에게 가는
돛단배 되고

언덕에 서 있는
하얀 등대 하나
그대 바라보는
길잡이 되고

내 마음 한가운데
그대 살고 있는
섬 하나 있어
하얗게 물보라 일고

까치집

사랑채 담벼락에
장작 포개어 놓고
타닥타닥 저녁 아궁이에
군불을 지핀다

문풍지 흔들릴수록
성에꽃 하얗게 피어나고
다닥다닥 아랫목 웃음소리
봉창에 어린다

헌책을 찾습니다

잃어버린 헌책을 찾습니다
늘 같은 자리에 있었기에
살펴보지도 않고 덮어두어서
군데군데 좀먹은 헌책입니다

잃어버린 헌책을 찾습니다
장맛비 내리는 천둥소리에
얼룩진 새벽길 따라 걸었지만
다시 찾을 수는 없었습니다

잃어버린 헌책을 찾습니다
아직은 더 읽어보아야 할
아직은 더 간직해야 할
귀하고 소중한 헌책입니다

갈대

가을햇살 한 줌에도
속마음 환히 비치는 사람아
감출 수 없는
그리움 때문인가

가을바람 한 줌에도
확 타오를 것만 같은 사람아
지탱할 수 없는
외로움 때문인가

겨울눈에게

내일 아침부터는
다시 추워진다는데
어쩌자고, 속마음 내밀었느냐

아직도 겨울은
여린 솜털 뒤에 숨어있는데
벌써, 깨어 설레느냐

까불대는 봄빛
덥석, 껴안으면 안 돼
좀 더 두고 봐야지

자전거

우리 동네
귀한 자전거

타고 싶어
따라 돌던 운동장

잡은 손 놓지 마
비틀비틀 닿지 않는 발

우리 동네
귀한 자전거

가느다란 바큇살
서로서로 받치고

골목골목
잘도 돌았지

텃밭을 가꾸며

농사는 풀 뽑기라더니
며칠 비가 내렸다고
어휴~
내 마음의 틈새로도
슬금슬금 기어 나오는 잡풀들
온몸으로 번지기 전에
뿌리째 뽑아내야지

차를 마시며

말라 오그라진 찻잎이
뜨거운 물속에서
세월을 펼쳐내고 있다

이파리 하나하나가
기약 없이 가버린 바람에
아직도 흔들리고 있다

가만히 들여다볼수록
말갛게 살아나는 추억들
찻잔에 어리고 있다

빈병

마음 홀로 남은 날
빈병을 닦아보아라

그리운 것 맑게 보이나니

빈병은
채울 수 없는 그리움들이
머무는 집

계절이 바뀌는 길목

계절이 바뀌는 길목에서는
왜, 아쉬움만 서성이는지
그 집 문은 아직
닫히지도 않았는데

계절이 바뀌는 길목에서는
왜, 설레임만 서성이는지
그 집 문은 아직
열리지도 않았는데

손을 모으다

我를 위해
손을 모아보자

손을 모으는 일은
고개 숙인 나락처럼
익어가는 것

他를 위해
손을 모아보자

손을 모으는 일은
가을배추처럼 속 차도록
동여매는 것

우물

아버지의 아버지 마당에
흙을 퍼 올리고 떡돌로 차곡차곡
우물을 만들었을 것이다

아침마다 마당을 쓸고
우물물 퍼 올려 장독을 닦으며
감나무도 심었을 것이다

여름날에는 목물 퍼붓고
겨울밤에는 깊어지는 생각으로
계절을 견디며 살았을 것이다

아버지의 아버지 마당에
맑게 채워지는 우물은
자식의 자식에게로 이어질 것이다

꿀밤나무 아래서

꿀밤나무 아래서
일용할 양식 한 톨
두 손에 받쳐 들고
감사 기도하는 다람쥐
그 맑은 영혼을 위해
아니, 그들의 믿음을 지켜주기 위해
꿀밤 몇 개 주워
내 마음에도 고이
묻어 본다

산길에서 만난 봄

한 줌 모이처럼 뿌려지는 햇살 따라
가지 끝으로 뿜어내는
수목들의 포근한 숨결

겨우내 불청객에 짓눌려
허리 굽혀 살던 가시나무도
나그네의 손길에 기지개 켜는 봄날

쌓인 낙엽을 헤치며
기슭 아래로 달음박질치는 고라니 소리에
덩달아 두근거리는 숲

길가에 마중 나온 산수유
노래하는 산새들 쉬어가라고
가지마다 꽃방석 내어놓는 오후

팽이

얼어붙은 강바닥
비틀거리며 걸어가는 길

넘어질 듯 넘어질 듯
맥이 풀리는 오후

순간순간 휘감아 치던 그 손길
불현듯 되살아나서

오늘 하루도
넘어지지 않는 팽이

폭포

지나온 길에서는
보지 못한 세상

천지를 깨우는 소리
생명을 살리는 물줄기

절벽의 이끼들도
걱정 없는 세상

숲의 언어

숲의 언어는
맑고 진실하여
거친 바람도
화를 내려놓고
숲의 가족이 되어
쉬어가게 한다

성찰

저 청아한
새소리

늘 내 곁에
머물도록

푸르러져야지
가지마다

묵상

어둠을 가르는
새벽닭 울음소리에
엎어진 풍뎅이처럼 파닥거리고야
당신의 진실을 헤아립니다

한밤 내내 타오르는
불씨 깊은 화로에
어둠의 무게는 재가 되고
당신의 사랑은 깊어집니다

미명의 하늘 아래
작은 별 하나가
남은 어둠을 닦아내며
당신의 말씀을 묵상합니다

광석의 멋

어둠에서 어둠을 깨고
태어난 광석
그의 멋은
어둠에서 인고한 시간만큼
빛을 내는 것

물구나무서기

12월에는
물구나무서보자

마른 이파리 다 털어버리고
하늘로 뿌리내려보자

12월에는
물구나무서보자

달리 보이는 세상
봄이라고 말해보자

꽃밭에서

꽃잎에
얼굴 대어 보면
꽃잎들도
나비 날리고
우리는
봄이 된다

유년의 태풍전야

낮게 내려앉은 잿빛 하늘에
동네 개들은 노오란 신음을 내뱉으며
마루 밑으로 꼬리를 숨기고

사방 몰아치는 바람 소리에
뒤안 감나무 가지들은 하얀 비명으로
봉창을 다급히 뚜들기고

어둠의 소리에 새파랗게 질린 우리는
흔들리는 등잔불도 끄지 못한 채
후다닥 이불을 덮어쓰고

밤하늘

푸른 하늘이었던 어머니
바람 따라 밀려오는 어둠들
가슴 가슴으로 다 받으시어
캄캄한 밤하늘 되시다

밤하늘 되신 어머니
비바람에 얼룩진 내 모습들
온종일 품속에 품으셨다가
밤하늘의 별이 되게 하시다

발자국

너에게 미안해
따뜻한 밥 한 그릇 사 주고 싶었는데
너와 마주 앉지도 못하고
늘 뒤돌아보며 아쉬움만 남기는구나

너에게 고마워
가는 길 힘들고 지쳐도
내 모습 그대로 받아주고 지탱하며
함께 동행해 주어서

너에게 부탁해
가는 길에 어둠이 내릴지라도
밝은 내일을 생각하며
손잡고 걸어가자꾸나

기차가 지나가고 있다

창밖에는 비가 내리고
멀리 기차가 지나가고 있다

길은 보이지 않는데
기차는 지나가고 있다

붙잡을 수 없는 추억들
칸칸이 실려 가고 있다

내 마음은 비에 젖으며
멀리 기차를 따라가고 있다

그리움의 방향

그리움에도
방향이 있나 보다

창을 향해 꽃대 내민 난(蘭)
언제쯤 꽃피울까?

아침 바람이
먼저 알겠지

발레리나

꽃대 올려
파르르 피는 꽃

발끝 한 점 땅을 디디고
손끝 한 점 하늘 향하고

꽃대 올려
파르르 피는 꽃

청춘을 토하다

한낮 한여름
또다시 울어대는 매미 소리

너의 울음은 왜
나를 아프게 하는가?

서툰 울음으로는
청춘을 토할 수 없다는 것을
미처 몰랐다

풀꽃

꽃밭이 아니라도
괜찮아요

부대끼고 넘어져도
겁낼 것 없어요

어디서든 웃으며
살아가지요

하늘

당신이 내 곁에 있어
참 행복합니다

내 마음 밝은 날
눈부신 햇살 비춰주고

내 마음 어두운 날
다독이는 달빛 모아주고

당신이 내 곁에 있어
참 행복합니다

나무의 노래

바람이 분다
나무에 바람이 분다
꼭대기에서 밑동까지
바람이 분다
바람이 불어
새들은 날아가지만
나무는 노래한다
바람이 불어도
나무는 노래한다는 것을
새들은 모른다

담쟁이

벽이라고 절망하지 마라
벽이 아니었다면
밟히는 풀이 되었으리라

이파리만 쳐다보지 마라
덩굴손이 아니었다면
떨어지는 잎이 되었으리라

문학세계대표작가선 960

비 갠 오후

정외철 시집

인쇄 1판 1쇄 2022년 1월 20일
발행 1판 1쇄 2022년 1월 27일

지 은 이 : 정외철
펴 낸 이 : 김천우
펴 낸 곳 : 도서출판 천우
등 록 : 1992. 2. 15. 제1-1307호
주 소 : 서울시 성동구 무학봉28길 6 금용빌딩 2F
전 화 : 02)2298-7661
팩 스 : 02)2298-7665
http://moonhak.wla.or.kr
E-mail : chunwo@hanmail.net

ⓒ 정외철, 2022.

값 13,000원

＊도서출판 천우와 저자의 서면 동의 없는 무단 전재 및 복제를 금합니다.
＊저자와의 협의에 따라 인지는 생략합니다.

ISBN 978-89-7954-861-7